Klaus Peter Schreiner

Null Bock und die sieben Geißlein

Null Bock und die sieben Geißlein

Deutsche Haus- und Hofmärchen

ausgegraben und neu eingekleidet
von
Klaus Peter Schreiner

2. erweiterte Neuauflage

Für Jutta Schwarz
ganz herzlich
Klaus P. Schreiner
Juni 2011

Verlag Moritz Schauenburg

Die Deutsche Bibliothek – CIP-Einheitsaufnahme

Schreiner, Klaus Peter:
Null Bock und die sieben Geisslein: deutsche Haus- und Hofmärchen, ausgegraben und neu eingekleidet von Klaus Peter Schreiner. – 2., erw. Neuaufl. – Lahr/Schwarzwald: Schauenburg, 1993
ISBN 3-7946-0295-1

Umschlaggestaltung: U.H. Müller, Zell a.H.
Illustrationen: R. Stolte, München
Agent und Kontaktadresse: Roland Forster, Konzert- und Theaterveranstaltungen, Eichelstraße 6, 88212 Ravensburg,
Telefon 07 51 / 1 87 11, Telefax 07 51 / 1 87 12

ISBN 3-7946-0295-1

Inhaltsverzeichnis

Vom Fischer und seiner Frau

Es waren einmal ein Fischer und seine Frau, die hausten an einem Strand in einer alten Umkleidekabine und fischten den Dreck aus dem Meer, den die Badegäste in der Hauptsaison hineingeworfen hatten.

Eines Tages aber fing der Fischer einen Butt und warf ihn vor Schreck gleich wieder ins Wasser, denn seit langem hatte man an diesem Strand außer nackten Urlauberinnen nichts Lebendiges mehr gefangen. Der Butt jedoch kam wieder zurückgeschwommen, schüttelte sich etwas Cadmium aus den Schuppen und sagte zu dem Fischer, er dürfe sich etwas wünschen. »Nun«, sagte der Fischer, »meine Frau wünscht sich schon lange eine Tankstelle.« - »Geh' nur heim«, meinte da der Butt, »sie hat sie schon.«

Und wie der Fischer heimging, stand da tatsächlich eine Tankstelle, aber davor zeterte seine Frau: »Was nützt uns eine Tankstelle ohne Autobahn?« Da mußte der Fischer wieder zum Strand laufen und sich vom Butt zu der Tankstelle noch eine Autobahn wünschen. »Geh' nur heim«, sagte der Butt, » sie ist schon da.«

Und tatsächlich fand der Fischer neben der Tankstelle eine schöne, sechsspurige und vielbefahrene Autobahn, so daß ihm und seiner Frau bald das Benzin ausging. Und als es noch dazu immer teurer wurde, sagte die Frau: »Hör' zu, sag' deinem Butt, daß uns das alles nichts nützt, solange wir keine eigene Raffinerie haben!« Da ging der Fischer wieder zum Strand und rief den Butt, und kaum hatte er den Wunsch geäußert, da stand gleich neben der Tankstelle eine große Raffinerie und stank vor sich hin, daß es eine wahre Freude war.

Als dann aber die Stromrechnung kam, die sich der Fischer und seine Frau von einem Experten entschlüsseln lassen mußten, meinte die Frau: »Wenn unsere Raffinerie rentabel arbeiten soll, brauchen wir dafür unbedingt ein eigenes Kernkraftwerk!« Und wieder lief der Fischer zum Strand und rief den Butt. Der kam herangeschwommen, hustete sich ein paar Ölklumpen aus den Kiemen und sagte dann: »Geh' nur heim, es ist schon alles, wie Ihr' s haben wollt!«

Und wirklich - hinter der Raffinerie stand ein großes, appetitlich anzusehendes Kernkraftwerk, das wurde mit dem Wasser aus dem Meer gekühlt, so daß sich dieses auf vierzig Grad aufheizte, weshalb keine Badegäste mehr kamen, die Autobahn leer blieb und die Tankstelle schließen mußte. Da war auch die Raffinerie überflüssig geworden und das Kernkraftwerk sowieso, aber alles stand da und verlieh der Landschaft ein überaus fortschrittliches Gepräge.

»Ach, Mann«, sagte da die Frau zu dem Fischer, »wär' s nicht schön, wenn alles wieder so wäre wie früher?« Da lief der Fischer zum Strand und sah schon von weitem den Butt leuchten, denn der war radioaktiv geworden, und der Fischer rief: »Lieber Butt, wir möchten, daß alles wieder so ist, wie' s war!« Da wollte der Butt etwas sagen, aber als er sein Maul aufmachte, schluckte er eine Überdosis Quecksilber, sank auf den Grund des Meeres und ward fürderhin nicht mehr gesehen.

Tankstelle, Autobahn, Raffinerie und Kernkraftwerk aber blieben ihnen erhalten, und so waren sie gestraft, solange sie lebten.

BP
ESSO

Rapunzel

Es war einmal ein junges Paar, das wohnte in einem Haus mit Garten, aber in dem gedieh alles nur kümmerlich, obwohl es die beiden mit allen Mitteln versuchten, ihm zur Üppigkeit zu verhelfen: Mit Düngemitteln, Unkrautvernichtungsmitteln, Insektenvertilgungsmitteln, mit Spritzmitteln, Sprühmitteln und Gießmitteln - allein, es half alles nichts, die Pflanzen gediehen nicht, der Salat wurde gelb und trieb aus, das Gemüse schmeckte nach nichts und das Obst war fade und faulte frühzeitig.

Im Nachbarsgarten hingegen, der einer alten Frau gehörte, stand alles in vollem Saft und entwickelte sich zu seltener Pracht. Da wurde das junge Paar wütend, und sie nannten die alte Frau eine Hexe - dabei tat die nichts anderes, als ihren Garten nach der biologisch-dynamischen Wirtschaftsweise zu bestellen und jegliche Chemie von ihm fernzuhalten.

Nun wurde aber die junge Frau schwanger und es gelüstete sie demzufolge sehr nach Vitaminen, und so sah sie mit noch größerem Neid auf den prächtigen Garten, in dem es ihr ein Beet mit Rapunzeln besonders angetan hatte.

Als ihr Begehr schließlich nicht mehr zu stillen war, schickte sie ihren Mann hinüber, ihr ein Körbchen davon zu stehlen. Der tat auch, wie ihm geheißen, aber die alte Frau ertappte ihn auf frischer Tat. Weil sie jedoch kein Unmensch war, ließ sie ihn mit den Rapunzeln ziehen, aber nur unter der Bedingung, daß er und seine Frau ihr das erwartete Kind überließen.

Darüber war das junge Paar gar nicht unglücklich, denn sie brauchten so viel Geld für Garten-Chemika-

RA
PUN
ZEL

lien, daß sie gar nicht wußten, wie sie auch noch ein Kind hätten ernähren können. Als es zur Welt kam, war es ein Mädchen, die Alte adoptierte es, nannte es »Rapunzel« und sperrte es in ihrem Dachstübchen ein.

Dank der gesunden Ernährung gedieh Rapunzel zu einem schmucken jungen Mädchen mit prächtigem, langem Haar, und weil es nicht wußte, wie es sich die Zeit vertreiben sollte, sang es meistens einfach so vor sich hin. Das hörte ein Rockmusiker, als er vorbeikam, und weil er sowieso für seine Band eine Lead-Sängerin suchte, wollte er Rapunzel vom Fleck weg engagieren. Rapunzel war darüber hocherfreut, und weil sie von der Alten eingesperrt war, ließ sie einfach ihr langes Haar aus dem Fenster fallen, so daß der Rockmusiker daran hinaufklettern konnte. Und jedes Mal, wenn er sie künftig besuchen kam, stellte er sich unter das Fenster und rief: »Rapunzel, Rapunzel, laß mir dein Haar herunter!«

Aber es dauerte nicht lange, da schöpfte die Alte Verdacht, schnitt Rapunzel ihr langes, schönes Haar ab und warf es auf den Komposthaufen. Wie der Rockmusiker nun wiederkam, war Rapunzel traurig und zeigte ihm die Bescherung, aber als der ihre neue Frisur sah, war er hocherfreut, besorgte sich eine Leiter, holte damit Rapunzel aus ihrem Gefängnis und machte aus ihr eine international bekannte Punk-Lady.

Rotkäppchen

Es war einmal ein Mädchen, das trug tagaus tagein ein rotes Käppchen, und so dauerte es auch nicht lange, bis es wegen öffentlicher Kundgabe einer politischen Meinung vom Schulunterricht ausgeschlossen wurde.

Da war das Rotkäppchen, wie man es seiner provozierenden Kopfbedeckung wegen nannte, sehr traurig, aber zum Glück hatte es eine halbgebildete Großmutter, die wohnte in der Satellitenstadt hinter dem Wald in einem Hochhaus, und zu der ging nun das Rotkäppchen jeden Tag und ließ sich von ihr Lesen, Schreiben und Mengenlehre beibringen.

Eines schönen Tages nun hatte die Großmutter Geburtstag, da wollte ihr das Rotkäppchen eine Freude machen und packte für sie ein Fläschchen Champagner und allerlei Delikatessen in einen Korb. Als es nun damit durch den Wald ging, da begegnete ihm der Wolf und entbot ihm einen guten Tag. So kamen sie ins Gespräch, und als der Wolf herausgekriegt hatte, was des Rotkäppchens Ziel und Absicht war, da sagte er: »Meinst du nicht, daß sich die Großmutter freuen würde, wenn du ihr auch noch einen Strauß frisch gepflückter Blumen von der Wiese brächtest?«

Da mußte ihm das Rotkäppchen recht geben, und nachdem es sich von dem Wolf artig verabschiedet hatte, ging es sich eine schöne Blumenwiese suchen. Der Wolf aber eilte schnurstracks zu dem Hochhaus, in dem die Großmutter wohnte, und weil die schon auf das Rotkäppchen wartete, machte sie auf, als es läutete, und da fraß sie der Wolf mit Haut und Haaren. Dann schlüpfte er in ihre Kleider, legte sich ins Bett und wartete auf das Rotkäppchen, weil es ihn auf einen knusprigen Nachtisch gelüstete.

Aber er wartete vergebens, denn das Rotkäppchen hatte statt der Wiesen bloß noch Maisfelder über Maisfelder gefunden, und es war weiter und immer weiter gegangen, und als es schließlich doch noch eine kümmerliche Wiese fand, da wuchsen auf der keine Blumen mehr, weil die Unkrautvernichtungsmittel sie alle dahingerafft hatten. Aber das wußte das Rotkäppchen nicht, und so lief es immerzu durch die Lande und suchte und suchte, bis der erste Schnee fiel, und dann ging es in ein Blumengeschäft, kaufte blau gefärbte Nelken und wanderte damit zur Großmutter.

Dort aber hatte es sich der Wolf inzwischen bequem gemacht, denn weil in dem Hochhaus keiner vom anderen Notiz nahm, war das Verschwinden der Großmutter niemandem aufgefallen, und so bezog der Wolf auch ihre Rente weiter und bekam jeden Tag pünktlich sein Essen auf Rädern.

Als das Rotkäppchen endlich kam, hatte er dann auch gar keinen Hunger mehr, sondern leckte ihm bloß ganz lieb das Gesicht ab, wobei er freundlich mit seinem Schwanz wedelte. Da zeigte sich das Rotkäppchen erkenntlich, führte den Wolf regelmäßig Gassi und brachte ihm allerlei Kunststückchen bei, und weil er so gelehrig war, verschaffte es ihm schließlich auch noch eine Lehrstelle als Polizeihund.

Und so gelang dem Wolf, was dem Rotkäppchen wegen seiner auffälligen Kopfbedeckung auf Lebenszeit versagt blieb, nämlich die Einstellung in den Staatsdienst.

HUGO WOLF
HAUPT-
KOMMISSAR

Der Geist in der Flasche

Es war einmal im Morgenland ein reicher Muselmane mit Namen Sindbad, und weil der im Urlaub immer an die See fuhr, nannte man ihn Sindbad den Seefahrer.

Wie er nun mal wieder Ferien machte und faul am Strand lag, da geschah es, daß ihm eine Brandungswelle eine Flasche direkt vor die Füße spülte. Als Sindbad sah, daß die Flasche leer war, war er ganz schön sauer, denn bekanntlich ist den Morgenländern der Genuß von alkoholischen Getränken streng verboten, und darum kann man ihnen keine größere Enttäuschung bereiten als mit leeren Flaschen.

Wütend wollte Sindbad die Flasche wieder zurück ins Meer werfen, als er aus ihrem Inneren plötzlich eine Stimme hörte. »Wer bist du?« fragte Sindbad, und die Stimme weinte: »Ich bin ein Geist, laß mich bitte heraus!« Da dachte Sindbad mit seiner scharfsinnigen morgenländischen Logik, bei einem Geist, der weint, könne es sich nur um einen Weingeist handeln, und bei diesem Gedanken lief ihm das Wasser im Mund zusammen.

Aber kaum hatte er den Korken aus der Flasche gezogen, da war der Geist schon aus seinem Gefängnis gewitscht, wurde größer und immer größer, und anstatt zu weinen, lachte er sich nur einen Ast und sagte, gleich werde er Sindbad töten, weil der durch seine Gier nach Alkohol gegen die Gesetze des Korans verstoßen habe.

Da jedoch kam Sindbad in seiner Todesangst die rettende Idee. »Du bist ein Lügner«, sagte er zu dem Geist, »denn so ein großer Geist wie du kann niemals in einer so kleinen Flasche gesteckt haben!« - »Wetten, daß?« meinte da der Geist, und Sindbad wettete mit ihm um seinen Harem. Da machte sich der Geist klein und immer kleiner, und eh' man sich' s versah, war er wieder in der Flasche verschwunden. Sindbad aber drückte geistesgegenwärtig den Korken wieder hinein, und so hatte er zwar seine Wette verloren, aber der Geist war gefangen und hätte in der kleinen Flasche mit dem großen Harem sowieso nichts anfangen können.

Sindbad aber dachte, daß ihm der Geist in der Flasche womöglich noch von Nutzen sein könne, versteckte ihn in seinem Burnus, setzte sich auf seinen fliegenden Teppich und schwebte heimwärts. Nach einer Weile sah er unter sich eine rastende Karawane, und weil er einem Plausch nicht abgeneigt war, setzte er zur Landung an, aber ehe er sich' s versah, war er unter Ali Baba und die vierzig Räuber gefallen und die nahmen ihm alles, was er hatte, und sogar auch seine Kleider, nur die leere Flasche überließen sie ihm großzügig, bevor sie in einer Staubwolke verschwanden.

Nun saß Sindbad splitternackt in der Wüste, aber zum Glück kam eine Wanderdüne des Wegs und nahm ihn mit - weit, weit, bis hinauf zur Insel Sylt. Dort wurde er von vielen anderen Nackten mit großem Hallo begrüßt, und als die sahen, daß er nur eine leere Flasche hatte, drückten sie ihm gleich eine volle in die Hand und warfen die leere in großem Bogen ins Meer. Sindbad dudelte sich einen an, trat flugs zum Christentum über und war schon bald ein inselbekannter Alkoholiker.

Der Geist in der Flasche aber gelangte auf vielen Umwegen zu einem gewissen Karl May, der ihn befreite, und wurde unter dem Namen Kara Ben Nemsi ein berühmter deutscher Indianer.

Tischlein deck dich

Es war einmal ein Schreinergeselle, der arbeitete in einer Möbelfabrik, aber als man begann, die Möbel nicht mehr kunstvoll aus Holz zu fertigen, sondern sie von Computern aus Plastik zusammenschweißen zu lassen, da wurde der Schreinergeselle arbeitslos.

Aber weil sein Chef ihn immer gerne gemocht hatte, vermachte er ihm als Abschiedsgeschenk ein altes, kleines, wurmstichiges und schon etwas wackliges Tischchen, mit dem es jedoch seine besondere Bewandtnis hatte.

Wenn man es nämlich hinstellte und sprach »Tischlein deck Dich«, so war das Tischchen auf einmal mit einem sauberen Tüchlein bedeckt, und da stand ein Teller, und Messer und Gabel daneben, und Schüsseln mit Gesottenem und Gebratenem so viel Platz hatten, und ein großes Glas mit rotem Wein leuchtete, daß einem das Herz lachte.

Der Schreinergeselle dachte: Damit hast du genug für dein Lebtag, zog mit dem Tischchen in die nächste Stadt und eröffnete ein Speiselokal, das sich alsbald großen Zuspruchs erfreute. Das Tischchen nämlich lieferte alles, was die Gäste sich wünschten, Vorspeisen von der Auster bis zum Zungensalat, Hauptgerichte vom Aal grün bis zum Zwiebelrostbraten und Desserts vom Apfelstrudel bis zur Zwetschgenbavese, und auch an Getränken gab es vom Aquavit bis zur Zeller Schwarzen Katz' alles, was das Herz begehrte.

Weil zudem kein Gast lange auf seine Bestellung warten mußte, gedieh das Lokal so prächtig, daß eines Tages die Gewerbeaufsicht aufmerksam wurde und eine Inspektion vornahm. Die Prüfer staunten nicht schlecht, als sie statt einer blitzblanken vollelektronischen Küche mit Tiefkühltruhen, Mikrowellenherd und Kartoffelschälautomaten nur ein altes, kleines, wurmstichiges und schon etwas wackliges Tischchen vorfanden, welches sie aus hygienischen Gründen beschlagnahmten, woraufhin sie dem ehemaligen Schreinergesellen und jetzigen Wirt noch zur Auflage machten, sich sofort eine vollhygienische Küche anzuschaffen, widrigenfalls man sein Lokal leider schließen müsse.

Da war der sehr traurig, aber weil er in der Zwischenzeit genug verdient hatte, legte er sich eine ultramoderne Kücheneinrichtung zu. Nur nützte ihm das nicht viel, weil er vom Kochen keine Ahnung hatte, aber er versuchte sein Glück, hängte ein Schild »Neue Küche« vor die Tür, zerkleinerte sämtliche Lebensmittel mit dem Mixer und verteilte sie nach Gutdünken in kleinen Portionen auf große Teller. Dazu lud er die Gastronomiekritiker und Berufsfeinschmecker der führenden Zeitungen ein, die seinen Kochkünsten großen Beifall zollten, verdoppelte noch rasch die Preise, und ehe er sich' s versah, hatte er drei Sterne im Guide Michelin.

Das war aber leider sein Pech, denn um seinen Standard zu halten, probierte er immer neue Kreationen aus, und so erstickte er eines Tages an einem Eichenholzklößchen mit Maiglöckchensoße und Ameisenpüree. Sein Lokal wurde von einer weitverzweigten Hendlbraterei übernommen, aus deren Konkursmasse es schließlich an einen multinationalen Fritten-Konzern fiel.

Das Tischlein-deck-Dich aber war auf Umwegen ins Ernährungsministerium gelangt, wo es als Ablage für immer neue und umfangreichere Gesetzesvorlagen zur hygienischen Reinhaltung der deutschen Gastronomie diente, bis es eines Tages unter dieser Last zusammenbrach und auf dem Sperrmüll landete.

Hans im Glück

Es war einmal ein Auszubildender mit Namen Hans, der war fleißig und strebsam und lernte willig und gern, so daß er am Ende seiner Ausbildung auf der Straße stand und arbeitslos war.

Sein Lehrherr hatte sich sowas fast schon gedacht und daher während der ganzen Jahre einen Teil von Hansens Lehrgeld einbehalten und vermögenswirksam angelegt. Von dem Ersparten kaufte er nun für Hans einen Klumpen Gold, denn der sollte das Geld nicht verjubeln, sondern jetzt schon an seine Zukunft denken.

Mit diesem Goldklumpen also machte sich Hans nun auf den Weg zum Arbeitsamt, und wie er so fürbaß schritt, da geschah es, daß ein Anlageberater des Wegs geritten kam, den das blinkende Gold schon von weitem angelockt hatte. »Was willst du mit dem Gold?« sagte er, »das bringt erstens keine Zinsen und schwankt zweitens dauernd im Wert. Weißt du was - nimm dafür mein Pferd, es ist ein international berühmter Galopper und wird dir auf den Rennbahnen der Welt ein Vermögen einbringen!« Das hörte Hans gerne, und so ward der Tausch vollzogen, woraufhin sich Hans mit dem Pferd sogleich zum Großen Preis von Deutschland aufmachte.

Bald aber begegnete ihm ein Bauernverbandsfunktionär mit einer Kuh und fragte Hans nach dem Woher und Wohin. »Was«, sagte er dann, »mit dieser Schindermähre willst Du ein Rennen gewinnen? Der Gaul taugt ja nur noch für den Roßschlächter, und außerdem sieht man ihm auf hundert Schritt an, daß er gedopt ist! Hier, nimm lieber meine Hochleistungskuh, die gibt so viel Milch, daß du bequem davon leben kannst, von den Kälbern ganz abgesehen, und wenn sie mal alt ist, kriegst du dafür eine saftige Abschlachtprämie!« Das gefiel Hans, und so wechselten Kuh und Pferd ihren Besitzer.

Bald darauf aber kam ein Metzger mit einem Schwein daher und rief: »He, was willst du mit der Kuh? Ihre Milch ist ja so vergiftet, daß kein Mensch sie mehr trinken mag, und willst du auch noch dazu beitragen, daß der Butterberg immer weiter wächst? Hier, nimm mein deutsches Landschwein dafür, das hat sechs Koteletts mehr als ein normales und kein Gramm Fett, damit kannst du eine rentable Zucht begründen!«

Das freute Hans und er zog mit dem Schwein weiter, bis er eine Marktfrau mit einer Gans unter dem Arm traf. »Das arme Schwein ist ja voller Betablocker«, sagte die, »und wenn du nicht aufpaßt, stirbt es dir am Herzinfarkt! Hier, nimm lieber die Gans und mäste sie gescheit, dann zahlen dir Feinschmecker ein Vermögen für ihre Leber!«

Da nahm Hans freudig die Gans und zog weiter, bis er einen traf, der sich mit einem Mühlstein abschleppte. »Was willst Du mit der fetten Gans?« fragte der, »denk' lieber an deine Gesundheit und trag' den Mühlstein hier, davon wirst Du fit, schlank und kräftig!«

Das sah Hans ein, nahm den Mühlstein, schrotete damit Weizen, Sesam und Leinsamen, eröffnete einen alternativen Laden und war, wie' s der Teufel will, bald ein gemachter Mann, der sich ein Rennpferd, eine biologische Kuh, ein biologisches Schwein und eine biologische Gans leisten konnte.

DER
BIO-HANS

Der Wolf und die sieben Geißlein

Es war einmal eine Geiß, der war der Mann weggelaufen, weil man ihm eine Stellung als Maskottchen beim 1. FC Köln angeboten hatte, und ohne ihren Geißbock tat sich die Geiß schwer mit ihren sieben Kindern, weil ihnen die väterliche Hand fehlte. So lungerten sie nur faul herum, waren zu keiner Leistung zu bewegen und gingen auch nicht zur Schule - kurzum, sie fielen ihrer Mutter recht zur Last, und wenn die etwas von ihnen wollte, sagten sie nur, da hätten sie keinen Bock drauf.

Eines Tages nun ging die Geiß in den Supermarkt zum Einkaufen, und wie' s der Zufall wollte, begegnete ihr dort in der Fleischabteilung der Wolf. Da kam der Geiß der Gedanke, sie könne ihren Kindern mal einen tüchtigen Schreck einjagen, und so wünschte sie dem Wolf einen guten Tag und fragte ihn, ob es ihn nicht nach dem zarten Fleisch von jungen Zicklein gelüste. Dem Wolf lief natürlich das Wasser im Mund zusammen, und so gab ihm die Geiß ihre Adresse und sagte ihm noch, er müsse es aber äußerst geschickt anstellen.

So lief der Wolf denn mit knurrendem Magen zu dem Haus der Geiß, wo sich die sieben jungen Geißlein einen schönen Tag machten, Rock und Pop hörten und Comics betrachteten. Darum waren sie auch ganz schön frustriert, als der Wolf an die Tür klopfte und rief: »Macht auf, ich bin' s bloß, euer Vater, und möchte mit euch spielen.« - »Spiel' mit dir selbst, alter Knacker«, riefen die Geißlein, »wir haben keinen Bock drauf!«

Da überlegte der Wolf, was er machen sollte, und nach einer Weile klopfte er wieder und rief mit verstellter Stimme: »Macht auf, ich bin euer liebes Mütterlein und habe euch aus dem Supermarkt viele schöne Sachen mitgebracht.« Aber die Geißlein antworteten nur: »Mach dir selber auf, alte Zicke, du hast ja den Schlüssel, und wir haben keinen Bock drauf.« Da mußte der Wolf wieder nachdenken, wie er hineingelangen könnte, und nach einiger Zeit klopfte er von neuem an die Tür und rief: »Macht auf, ich bin ein berühmter Guru und lehre euch die große Selbstverwirklichung!«

So was gefiel den Geißlein schon eher und sie öffneten die Tür, aber als sie dann sahen, daß der Wolf draußen stand, kriegten sie es doch mit der Angst und versteckten sich - eins im Waschautomaten, eins im Kühlschrank, ein anderes im Mikrowellenherd, das vierte in der Spülmaschine, das fünfte in der Tiefkühltruhe, das sechste im Infrarotgrill und das letzte schließlich in einer Lautsprecherbox der Stereoanlage.

Der Wolf jedoch fand sie alle, fraß sie mit Haut und Haaren und schlief gleich danach ein, so satt war er. Bald darauf kam dann die alte Geiß wieder nach Hause, die aber zur Vorsicht den Doktor Eisenbart mitgebracht hatte. Der schnitt dem Wolf den Bauch auf und da kamen die sieben jungen Geißlein herausgeschlüpft und waren fortan brav und folgsam.

Sie machten ihre Hausaufgaben, halfen beim Kochen, übten fleißig Geige, aßen ihre Teller leer, putzten sich hinterher die Zähne und leisteten Wehr- und Ersatzdienst - kurz, sie wurden zuletzt doch noch wertvolle Mitglieder der Gesellschaft.

Die Sterntaler

Es war einmal ein kleines Mädchen, dessen Eltern hatten sich scheiden lassen, und weil weder der Vater noch die Mutter das Sorgerecht haben wollten, sollte es in ein Heim für schwer erziehbare Kinder. Dieser Gedanke aber war dem kleinen Mädchen sehr zuwider, und so nahm es sich eine Wegzehrung aus dem Kühlschrank, sein Erspartes von der Bank und sein Mofa aus der Garage und donnerte hinaus in die Welt.

Es war aber sehr gutmütig und konnte nicht nein sagen, und als es unterwegs ein armes Bäuerlein traf, dem das Benzin für sein dickes Auto ausgegangen war, da ergriff es tiefes Mitleid und es überließ dem armen Bäuerlein sein letztes Benzin und das Mofa noch obendrein für seine sieben hungrigen Kinder. Wenig später traf es einen armen Studenten, dem hatte man im 30. Semester sein BAFöG gestrichen, und weil er das kleine Mädchen so erbarmte, schenkte es ihm seine Wegzehrung.

Als nächstes traf es einen armen Unternehmer, der kurz vor dem Konkurs stand und jammerte, es fehle ihm an Bargeld für ein Flugticket in die Schweiz, damit er dort sein Vermögen in Sicherheit bringen könne. Da tat er dem kleinen Mädchen sehr leid und so schenkte es ihm sein ganzes Erspartes.

Nun hatte es nur noch seine Kleider am Leib, als es einem armen Politiker begegnete, der von ihm eine Spende für seinen Wahlkampf begehrte. Aber weil das kleine Mädchen kein Geld mehr hatte, schenkte es ihm sein blaugelbes Mützchen, denn das waren zufällig auch die Farben der Partei des Politikers.

Das Mädchen zog weiter, bis es einen armen Mietshausbesitzer traf, der es gleich fragte, ob es ihm nicht seine abgetragenen Jeans schenken würde, damit seine Mieter sehen sollten, wie arm er in Wirklichkeit wäre. Das Mädchen zog willig seine Jeans aus und schenkte sie ihm, und nun hatte es nur noch sein T-Shirt an, als ihm ein armer Altwarenhändler begegnete, der gerade eine mildtätige Kleidersammlung für die Dritte Welt veranstaltete. Der schwatzte dem Mädchen auch noch sein T-Shirt ab, und nun hatte es nichts mehr am Leibe und war ganz nackicht.

Da schämte es sich denn doch ein bißchen, und weil ein See in der Nähe war, sprang es hinein und schwamm ans andere Ufer, wo aber in einem großen Strandhotel gerade eine Mißwahl stattfand. Und kaum war das Mädchen aus dem Wasser gestiegen, war es schon einstimmig zur Schönheitskönigin gewählt und bekam als Preis alles wieder, was es vorher aus Mitleid hergeschenkt hatte, denn in der Jury saßen all jene, die ihm vorher sein ganzes Hab und Gut abgeschwatzt hatten.

Da geriet das Mädchen in Zorn, packte die nächstbeste Champagnerflasche und schlug damit auf die Jury-Mitglieder ein, daß denen die Sterne nur so vor den Augen tanzten. Aber weil das Schicksal es gut mit dem Mädchen meinte, verwandelten sich alle diese Sterne in lauter Taler, die es nur aufzheben brauchte. Mit dem Geld aber finanzierte es ein Haus für ausgebeutete Frauen und wurde später eine berühmte und allseits geachtete Feministin.

Brüderchen und Schwesterchen

Es waren einmal zwei Schlüsselkinder, ein Brüderchen und ein Schwesterchen, deren Eltern saßen abends bloß stumm vor dem Videorecorder und sahen sich deutsche Fernsehkrimis an. Das wurde den Geschwistern auf die Dauer zu dumm, und so rissen sie von zu Hause aus.

Als sie aber so dahinjoggten, gerieten sie in einen großen Wald, aus dem sie nicht mehr herausfanden, obwohl überall Spuren von Zivilisation zu sehen waren. So irrten sie zwischen gebrauchten Autoreifen, leeren Flaschen und alten Düngemittelsäcken lange umher, bis sie endlich eine weggeworfene Matratze fanden, auf der sie sich zur Nachtruhe ausstrecken konnten.

Wie sie am Morgen aufwachten, brannte die Sonne vom Himmel und sie verspürten einen argen Durst. Als sie aber an ein Brünnlein kamen und daraus trinken wollten, stank dessen Wasser so gottserbärmlich, daß sie es lieber bleiben ließen. Nach einer Weile kamen sie wieder an eine Quelle, aber dort war das Wasser so trüb, daß ihnen der Durst beinahe verging, und beim dritten Brunnen schließlich schäumte es so arg, daß sie gleich weitereilten.

Nach langer, langer Zeit endlich gerieten sie an eine Quelle, deren Wasser war klar wie Kristall, es duftete so frisch und plätscherte vergnügt, aber als sie sich niederbeugten, um davon zu trinken, da murmelte die Quelle: »Vorsicht - mein Wasser enthält so viel Nitrat, daß es nach der gesetzlichen Höchstmengenverordnung ungenießbar ist!« Aber wie' s der Zufall wollte, zog gerade ein Gewitter auf, und als es zu regnen anfing, öffneten die beiden ihre Münder, um das köstliche Naß von oben aufzufangen, aber das Regenwasser war so sauer, daß es ihnen auf der Zunge brannte, und so spuckten sie es rasch wieder aus.

Nun war ihnen der Durst vollends vergangen, aber dafür verspürten sie mit einem Mal einen argen Hunger, und zu ihrer Freude sahen sie, daß der warme Gewitterregen die schönsten Pilze aus dem Waldboden hatte herausschießen lassen. Gerade wollte das Brüderchen einen davon pflücken, da sprach der: »Vorsicht - in mir ist so viel Cadmium - das hältst du auf der Leber nicht aus!«, und erschrocken ließ das Brüderchen die Hände davon.

Nun wollten sie weder mehr essen noch trinken, sondern bloß die gute Waldluft genießen, aber da flog ein Flugzeug über sie hinweg und sprühte eine dichte Wolke Insektenvertilgungsmittel in den Wald, so daß beide gleich heftig zu husten anfingen.

Das aber hörte ein Sonntagsjäger, der in der Nähe pirschte, und weil er meinte, der Husten käme von einem Reh, schoß er einfach drauflos, aber zum Glück traf er nicht, weil er vor lauter Nebel nichts sehen konnte.

Da hatten das Brüderchen und das Schwesterchen die Schnauze voll, weil es nun mit der Ruhe im Wald auch nichts mehr war, und so trotteten sie wieder nach Hause und sahen sich lieber mit den Eltern wieder deutsche Fernsehkrimis an, denn in denen ging es wesentlich geruhsamer zu als im schönen deutschen Wald.

Das Riesenspielzeug

Es war einmal ein international geachteter Riese mit Namen Multi, der hauste in einem riesigen Wolkenkratzer und fraß so ziemlich alles auf, was ihm in die Quere kam. Außerdem hatte der Riese Multi zahlreiche Töchter, die hatten seine Gefräßigkeit und seine Habgier geerbt und lebten über alle Länder der Erde verteilt in prachtvollen Burgen, von deren Zinnen aus sie weit übers Land blicken und nach Dingen Ausschau halten konnten, die sie noch nicht hatten, aber für ihr Leben gerne besitzen wollten.

Und wenn eine der Töchter des Riesen Multi so von ihrer hohen Warte aus eine hübsche kleine Fabrik entdeckte, eine schmucke Ölraffinerie etwa, ein gepflegtes Kraftwerk oder sonst einen ordentlichen und gut funktionierenden Betrieb, so brauchte sie nur ihren Riesenvater in seinem Wolkenkratzer anzurufen und ihm zu sagen, sie hätte ein neues Spielzeug entdeckt, mit dem sie sich gerne ihre Zeit vertreiben würde, denn andernfalls käme sie vor Langeweile um.

Dann ließ der Riese Multi weltweit alle seine Drähte spielen, denn das Wohl seiner Töchter ging ihm über alles andere, und so gab er keine Ruhe, bis er ihnen das zum Geschenk machen konnte, worauf ihr Begehr gerade gerichtet war. Die beschenkte Tochter freute sich dann zwar über das neue Spielzeug, aber sie machte es entweder bald kaputt oder wurde seiner überdrüssig und hielt dann schon wieder Ausblick nach etwas Neuem.

Das ging eine ganze Zeitlang gut, bis eines Tages nichts mehr da war, was der Riese Multi seinen Töchtern hätte schenken können, weil ihnen schon alles gehörte. Die aber waren unersättlich in ihrer Gier und begehrten mehr und immer mehr, und so mußte er zu einer List greifen und der einen Tochter etwas wegnehmen, um es einer anderen zu schenken. Aber je öfter er das tat, um so mehr verlor er den Überblick und wußte bald nicht mehr, wem in seinem Imperium was gehörte.

Das merkten die Töchter, wurden ungehalten und gerieten untereinander in Streit um die fettesten Brocken. Da packte den alten Multi der Zorn, und weil er keinen anderen Ausweg mehr wußte, bestellte er alle seine Töchter zu sich und fraß sie, eine nach der anderen, einfach auf. Nun gab es nichts mehr auf der Welt, was ihm nicht gehörte, aber es dauerte nicht lange, da lag ihm sein Besitz schwer im Magen, und in seinem Bauch rumorte es bedenklich.

Und da merkte der Riese Multi, daß er sich überfressen hatte und daß alles, was er verschlungen hatte - Rüstungsbetriebe, Tankstellen, Hotels, Filmstudios, Chemiewerke, Baufirmen, Gaststätten, Fernsehanstalten, Goldminen und vieles andere mehr -, daß das alles sich nicht miteinander vertrug.

Er wollte zu einem Abführmittel greifen, um das ganze Zeug wieder loszuwerden, aber dafür war er schon zu unbeweglich geworden, und weil die ganze Welt davor Angst hatte, er werde eines Tages einfach platzen, hält man ihn seitdem mit staatlichen Finanzspritzen gerade noch aufrecht und nimmt jeden Rülpser von ihm als Zeichen seiner ungebrochenen Gesundheit dankbar zur Kenntnis.

Der Froschkönig

Es war einmal ein König, der hatte ein hübsches Töchterlein, das er über alles liebte. Und so schenkte er ihm eines Tages auch einen Globus, der bestand aus reinem Gold und war dem König von einem internationalen Rüstungskonzern zum Geschenk gemacht worden, weil der König für seine Leibwache zwei Schützenpanzer dieses Konzerns bestellt hatte.

Da freute sich das Königstöchterlein sehr und ging mit dem goldenen Globus in den Schloßpark, um damit zu spielen, indem es ihn wie einen Ball in die Luft warf und wieder auffing. Nun hatte aber die Prinzessin an diesem Tage bei ihrer morgendlichen Kosmetik etwas zu viel Hautcreme erwischt, so daß ihre Hände noch fettig waren, und so geschah es mit einem Male, daß ihr der Goldglobus beim Auffangen entglitt, in den nahen Teich rollte und darin versank.

Da war die Prinzessin unheimlich frustriert und stieß, wie sie es bei ihrem Psychotherapeuten gelernt hatte, einen gewaltigen Urschrei aus, so daß alle Vögel davonflogen und ein Laubfrosch, der in einem Baum gesessen hatte, vor Schreck herunterfiel, der verzweifelten Prinzessin direkt auf die Hand.

Die aber hatte noch nie in ihrem Leben einen leibhaftigen Laubfrosch gesehen und stieß vor lauter Überraschung gleich noch einen Urschrei aus. »Was schreist Du denn so gottserbärmlich?« fragte da der Frosch, und das Mädchen erzählte von seinem Mißgeschick, das ihm mit dem Goldglobus passiert war. »Das werden wir gleich haben«, sagte der Frosch, sprang platschend in den Teich und tauchte bald danach wieder auf, schob den Goldglobus vor sich her und schubste ihn der Prinzessin vor die Füße.

Da freute sich diese sehr, nahm den Frosch in die Hand und fragte ihn, wie sie sich ihm erkenntlich zeigen könne. »Nichts leichter als das«, sagte der Frosch, »gib mir nur einen Kuß!« Der Prinzessin grauste zwar vor nichts, aber ehe sie den Frosch küßte, wollte sie doch wissen, warum. »So höre«, sagte der Frosch, »ich bin in Wirklichkeit ein Prinz, aber als ich einmal krank war, hat man mir das falsche Medikament gegeben, so daß ich als Frosch wieder aufgewacht bin. Aber wenn Du mich küßt, werde ich wieder ein Prinz und Du wirst meine Frau.«

Da drehte die Prinzessin dem Frosch eine Nase und sagte: »Einen Dreck werde ich tun! Prinzen gibt es schließlich wie Sand am Meer, aber als Laubfrosch gehörst Du einer aussterbenden Gattung an, die man erhalten muß.«

Dann setzte sie ihn vorsichtig ins Gras und ging mit ihrem goldenen Globus nach Hause, stolz darauf, etwas für die Erhaltung des ökologischen Gleichgewichts auf diesem Erdball getan zu haben.

Der Frosch aber geriet zwei Stunden später in einen umweltfreundlichen Elektro-Rasenmäher und ließ weiter nichts mehr von sich hören.

Des Kaisers neue Kleider

Es war einmal ein steinreicher Mann, der hieß Julius Kaiser, und weil die Leute demzufolge ständig »Herr Kaiser« zu ihm sagten, setzte sich in ihm die Zwangsvorstellung fest, ein wirklicher Kaiser zu sein. Darum ließ er sich ein großes, prächtiges Schloß bauen, in dem er Hof hielt, und von überallher kamen Liebediener, Kriecher und Speichellecker, um ihm und seinem Reichtum zu huldigen.

Da fühlte sich der reiche Mann mit Namen Kaiser nun wirklich wie ein solcher, bloß wenn er in den Spiegel sah, fiel ihm auf, daß er noch gar nicht wie ein Kaiser aussah, sondern immer noch nur so wie ein einfacher reicher Mann. So ließ er einen bekannten Couturier kommen, der sich »Das tapfere Schneiderlein« nannte, und gab bei ihm auf einen Streich sieben kaiserliche Gewänder in Auftrag, von denen eines prunkvoller sein sollte als das andere.

Das tapfere Schneiderlein war aber erstens faul und zweitens ein guter Psychologe, und darum verfiel es auf eine List. Als nämlich der Ablieferungstermin für die Kleider gekommen war, tat das Schneiderlein nur so, als würde es dem Kunden die Gewänder anziehen, in Wirklichkeit aber waren sie eitel Luft.

Da wunderte sich der Kaiser, als er nichts davon sah, aber das Schneiderlein meinte, der Stoff sei nun mal sehr exquisit und so beschaffen, daß ein Dummkopf ihn nicht wahrnehmen könne. Da erschrak der Kaiser bis ins Mark, aber weil er sich keine Blöße geben wollte, lobte er die neuen Kleider, ihr vornehmes Aussehen und ihr edles Dessin über alle Maßen und zahlte die hohe Rechnung mit einem Barscheck abzüglich drei Prozent Skonto.

Noch am selben Tag gab er ein großes Fest, um sich in seinem neuen Staat zu zeigen, und seine Anbeter staunten nicht schlecht, als sie ihn in der Unterhose sahen. Als er sie aber aufklärte, was es mit seinem Gewand für eine Bewandtnis habe, da wollte keiner sich als Dummkopf hinstellen und alle äußerten sich entzückt über seine kaiserlichen Kleider und ließen ihn hochleben.

Das tapfere Schneiderlein aber erhielt viele Aufträge, denn hinfort wollten alle, die in des Kaisers Schloß verkehrten, im gleichen Tuch gekleidet sein wie er, und so kam es, daß sich auf seinen Festen bald sämtliche Gäste in der Unterwäsche tummelten.

Nun aber wollte der Kaiser endlich auch eine Kaiserin und lud deshalb den König Drosselbart und dessen Tochter, die Prinzessin auf der Erbse, zu einem Staatsbesuch ein, weil er um deren Hand anhalten wollte. Als jedoch der König und die Prinzessin die kaiserliche Hofgesellschaft sahen, mußten sie schallend lachen, und da ging dem Kaiser und seinem Gefolge endlich ein Licht auf. Weil sie sich aber schon so sehr an ihren gegenseitigen Anblick gewöhnt hatten, machten sie das Beste aus der Situation und gründeten einen FKK-Club.

Das tapfere Schneiderlein jedoch war schon längst über alle sieben Berge und eröffnete dort mit dem erschwindelten Geld eine exklusive Boutique für Jeans-Moden.

Aschenputtel

Ein Mädchen hatte zwei ältere Stiefschwestern, die waren zwar gut gewachsen und schön von Angesicht, aber im Innersten waren sie garstig und böse und schikanierten die Jüngere, wo es nur ging. Auch mußte sie alle die schmutzigen Arbeiten tun, wie Staubsaugen, Klarspülen, Reinweichen und so weiter, und des Nachts mußte sie sich unter dem Vorwand der Energieersparnis in die warme Asche im offenen Kamin legen, damit sie nicht fror.

Darum sagten die bösen Stiefschwestern auch Aschenputtel zu ihr, weil sie immer nur ein graues und schmutziges Kleid trug, während sie selbst stets nach der neuesten Mode gekleidet gingen, denn da war ihnen nichts zu teuer.

Nun gab es zu der Zeit einen Prinzen, der in der Textilbranche tätig war und sich zu verheiraten gedachte. Um aber die rechte Frau zu finden, lud er die Töchter des Landes in sein Schloß zu einer rauschenden Party, auf der er sich die Schönste aussuchen wollte. Da kleideten sich die beiden Stiefschwestern mit allem, was gut und teuer war, von Kopf bis Fuß neu ein, denn jede von ihnen gedachte, den Prinzen an Land zu ziehen.

In der Nacht aber hielt es das Aschenputtel zu Hause vor Neugier nicht länger aus. Es erhob sich aus der warmen Asche im Kamin, und weil ihm sein staubiges Gewand zu schäbig erschien, kramte es in Kisten und Truhen und fand schließlich nur ein altes

Nachthemd von seiner Urgroßmutter, das es überzog, und ein paar alte, spitze Schuhe mit dünnen Absätzen, in die es hineinschlüpfte, und so ging auch das Aschenputtel heimlich zu der Party des Prinzen.

Als der es aber in seiner seltsamen Gewandung erblickte, war er von seiner ganzen Erscheinung ungemein angetan, denn da er in der Textilbranche tätig war, erkannte er hier mit sicherem Blick einen äußerst ausbaufähigen Modetrend für das kommende Frühjahr.

So forderte er das Aschenputtel zum Tanze auf und fand es auch in seinem Wesen allerliebst, aber noch ehe der Morgen graute und die Party zu Ende ging, schlüpfte das Aschenputtel unbemerkt aus des Prinzen Bett, eilte nach Hause, zog sein schäbiges Gewand an und legte sich wieder in den Kamin, denn es fürchtete sich sehr vor seinen Stiefschwestern.

In der Eile hatte es aber die spitzen Schuhe vergessen, und als der Prinz daraufhin im Fernsehen bekannt geben ließ, er werde die Besitzerin jener Schuhe zur Frau nehmen, ließen sich die beiden Stiefschwestern von einem Chirurgen rasch ihre Füße verkleinern, aber weil die Krankenkasse dafür nicht aufkam, flog der Schwindel auf.

Und als sich schließlich herausstellte, daß die Schuhe nur dem Aschenputtel paßten, wurde es des Prinzen Frau und die Mitbesitzerin seiner zahlreichen Modebetriebe. Weil es aber ein gutes Herz hatte, verschaffte es den beiden Stiefschwestern einen Job als Mannequin, aber die fielen wegen ihrer zu kleinen Füße dauernd vom Laufsteg und waren so gestraft für ihr ganzes Leben.

Die 1002. Nacht

Es lebte einmal im Fernen Orient ein Ölscheich namens Harun al Raschid, der litt an ständiger Schlaflosigkeit, weil er sein schönes Öl so billig hergeben mußte. Darum ließ er sich eine sehr ansehnliche, aber auch gebildete Gespielin mit Namen Scheherazade heranschaffen, die ihm jeden Abend vor dem Schlafengehen eine hübsche Geschichte von Prinzen und Prinzessinnen erzählen mußte, die sie irgendwo in der Regenbogenpresse gelesen hatte.

Diese Geschichten entzückten Harun al Raschid so sehr, daß er jedesmal darüber einschlief, wodurch Scheherazade ihre Ruhe vor ihm hatte. Und wenn ihr Gebieter selig schlummerte, pflegte sie, vergnügt an die Hausbar zu gehen, um mit den Eunuchen einen zu zwitschern und dem Geist aus der Flasche zuzusprechen.

So ging das tausendundeine Nächte lang gut, ohne daß etwas Besonderes vorgekommen wäre. In der tausendundzweiten Nacht aber geschah es, daß Scheherazade keine neue Geschichte mehr einfiel, denn die, welche sie aus der Regenbogenpresse kannte, hatte sie Harun al Raschid alle schon erzählt.

Da war der sehr erzürnt und ließ sich sein Schwert kommen, um Scheherazade das liebliche Haupt abzuschlagen. So mußte die in ihrer Not improvisieren und es fiel ihr zum Glück etwas ein, was sie einmal von Sindbad dem Seefahrer gehört hatte, der viel in der Welt herumkam und mit dem sie sich gelegentlich heimlich traf.

»So höre denn, oh mein Gebieter«, begann sie, »meine tausendundzweite Geschichte. Weit, weit von

hier, in einem Erdteil, den sie Amerika nennen, lebt ein kleines, aber mächtiges Volk, die Multis geheißen, die reißen sich alles Öl dieser Welt unter den Nagel und machen daraus rote Zahlen.«

Als Harun al Raschid dies hörte, war er aufs Höchste verwundert, setzte sich auf einen fliegenden Teppich und reiste damit in jenes Land, um die erwähnten Multis kennenzulernen, aber die hüllten sich und ihre Geschäfte in ein so tiefes Dunkel, daß nur noch Aladin mit seiner Wunderlampe da hätte hineinleuchten können. Der jedoch war inzwischen als Gastarbeiter nach Deutschland abgeworben worden, wo er mit seiner Wunderlampe für den Fall bereitstand, daß im Land die Lichter ausgehen würden.

So tappte Harun al Raschid weiterhin im Dunkeln durch den New Yorker Central Park, wo ihn dann auch noch Ali Baba und die vierzig Räuber im Schutze dieser Dunkelheit überfielen und ihm seinen fliegenden Teppich und seine Petro-Dollars wegnahmen.

Da hatte er die Nase voll, reiste auf einem Ölteppich wieder nach Hause, verlangte ab sofort 35 Dollar für das Barrell und konnte fürderhin in jeder Nacht gut und tief schlafen, auch ohne daß irgendein blödes Frauenzimmer ihm irgendwelche dummen Geschichten erzählte.

Frau Holle

Eine zweimal geschiedene Witwe hatte aus jeder Ehe eine Tochter. Die eine war schön und fleißig, und die andere häßlich und faul, aber weil die Witwe selbst ein Miststück war, mußte die Schöne alle Arbeit tun, während die Häßliche auf der faulen Haut lag und sogar zu träge war, das Beste aus ihrem Typ zu machen.

Um der guten Tochter ja keine freie Minute zu gönnen, gab es keinerlei Haushaltsmaschinen, und so mußte sie selbst im tiefsten Winter das Geschirr im Hof in einem kalten Brunnen waschen. Da fiel ihr eines Tages eine teure Meißener Porzellanschüssel hinein, und vor lauter Angst, die Mutter könne ihr böse sein und ihr wieder den Weichspüler wegnehmen, sprang sie der Schüssel nach.

Während sie tiefer und tiefer sank, verlor sie die Besinnung, und als sie wieder zu sich kam, lag sie auf einer herrlich grünen Wiese. Da stand sie auf und ging querfeldein, ohne zu wissen, wohin. Auf einmal sah sie von ferne jemand stehen, und als sie näher kam, merkte sie, daß es sich um einen Uniformierten handelte.

»Ich bin der standhafte Zinnsoldat«, sagte der, »und habe hier wegen der lausigen Friedenszeiten einen Job als Wegweiser angenommen. Wenn Du mich küßt, zeige ich Dir den Weg zum Haus der Frau Holle!« Da küßte ihn das Mädchen mit tiefer Inbrunst, und als alles vorbei war, zeigte der Soldat ihr den Weg.

Frau Holle schien schon gewartet zu haben, denn sie hatte zwei Steaks aus der Gefriertruhe genommen, die briet sie jetzt englisch, und sie aßen beide mit gutem Appetit. Wie das Mädchen satt war, sagte es zur Frau Holle: »Wie kann ich mich bloß für das schöne Essen revanchieren?«, und Frau Holle zeigte ihm die Federbetten und meinte, die solle es ausschütteln, aber recht fest, daß die Federn flögen. Dann nämlich würde es auf der Erde schneien.

So schüttelte das Mädchen feste die Betten, den ganzen Winter über, bis es vom Heimweh gepackt wurde, und Frau Holle brachte es selbst zu dem Tor, das wieder zur Welt führte. Als das Mädchen durch das Tor ging, standen da alle Skiliftbesitzer und Wintersporthoteliers und bewarfen es mit Gold, das an ihm kleben blieb, so daß es über und über damit bedeckt zu Hause ankam.

Da packte die faule und häßliche Schwester der Neid, und sie sprang am nächsten Tag selbst in den Brunnen. Aber als sie den standhaften Zinnsoldaten küssen wollte, sagte der: »Ich zeige Dir den Weg zur Frau Holle nur, wenn Du mich nicht küßt!« Und bei Frau Holle gab es diesmal auch keine Steaks, sondern nur Brotsuppe, und da war sie schon sauer.

Wie es dann ans Bettenschütteln ging, war sie so unlustig, daß auch nicht eine Feder flog, und als Frau Holle sie nach abgeleisteter Dienstzeit ans Tor zur Welt führte, standen dort alle Skiliftbesitzer und Wintersporthoteliers und bewarfen das Mädchen mit dem ganzen Dreck, den die Wintersportler auf den abgetauten Pisten hinterlassen hatten, und der wollte, so lange sie lebte, nicht mehr abgehen.

Das fleißige Mädchen aber heiratete den standhaften Zinnsoldaten und brauchte später als lustige Generalswitwe keinen Streich mehr tun.

Rumpelstilzchen

Es war einmal ein gewaltiger Bauunternehmer, der sich in der Hochkonjunktur so verkalkuliert hatte, daß ihm das Wasser bis zum Halse stand. Und als sein Hausbankier davon Wind bekam und an die hundert Millionen Mark Schulden von ihm zurückforderte, wußte der Bauunternehmer keinen Rat mehr.

Nun hatte er aber eine Tochter, die er mit dem Bankier verheiraten wollte, um einen Zahlungsaufschub zu erlangen. Weil er jedoch keine Mitgift anzubieten hatte, log er dem Bankier vor, seine Tochter könne wertlose alte Pfandbriefe, ungedeckte Schecks, überzogene Wechsel und ähnliches nutzloses Zeug in tadellose Geldscheine verwandeln.

Das gefiel dem Bankier, und er führte das Mädchen in den Keller seiner Bank, deutete auf einen Haufen Papier und sagte: »Wenn Du das bis morgen früh alles zu Geld gemacht hast, werde ich Dich heiraten!« Dann schloß er die Tür zu und das Mädchen war verzweifelt, denn es hatte keine Ahnung, wie man alte Wertpapiere zu Geld macht.

Da stand plötzlich ein kleines Männchen vor ihm und sagte: »Was gibst Du mir, wenn ich das für Dich erledige?« - »Ach«, sagte das Mädchen, »ich kann Dir gar nichts geben, denn mein Herr Papa ist pleite.« Da sagte das Männchen: »Dann versprich mir, wenn Du die Frau des Bankiers bist, dein erstes Kind!« Da sagte das Mädchen leichten Herzens zu, denn es nahm ja regelmäßig die Pille und sah also keine Gefahr.

Das Männchen aber machte tatsächlich alles Papier zu Geld, und als am Morgen der Bankier kam und die Scheine zählte, war er zufrieden, ließ sich scheiden, nahm das Bauunternehmerstöchterlein zur Frau und sanierte auch noch die Firma seines Schwiegervaters.

Übers Jahr aber brachte die frischgebackene Bankiersgattin ein Kind zur Welt, denn das Männchen hatte nicht nur die Wertpapiere in Geld verwandelt, sondern auch die Antibabypillen des Mädchens in harmlose Kopfwehtabletten. Eines Nachts stand nun plötzlich das Männchen vor der jungen Mutter und wollte das Kind haben; weil sie aber so jammerte, sagte es: »Wenn du in drei Tagen meinen Namen weißt, sollst du es behalten.«

Da überlegte die Bankiersgattin hin und her, aber je länger sie überlegte, um so besser schien es ihr, auf das Kind zu verzichten, denn seinetwegen müßte sie immer zu Hause bleiben und könnte nicht mehr am gesellschaftlichen Leben teilnehmen.

Als darum am dritten Tag das Männchen kam und fragte: »Wie heiße ich?«, sagte die Mutter: »Das ist mir egal!« und gab dem Männchen das Kind. Das konnte aber auch nichts Rechtes damit anfangen und tat in einem Wutanfall den berühmten Ausspruch: »Keine Sau jetzt von mir weiß, daß ich Rumpelstilzchen heiß!« - worauf es sich selbst in der Mitte auseinanderriß.

Das Kind aber wurde im Wald von einem Köhler gefunden, bei einem Schmied in die Lehre gegeben, und machte später unter dem Namen Siegfried eine kurze, aber tödliche Karriere als Nibelunge.

Die sieben Raben

Ein Mann, der sieben Söhne hatte, hätte gar zu gerne auch noch eine Tochter gehabt, und darum sagte er eines Abends zu seiner Frau: »Frau, denk' ans Kindergeld und laß es uns noch einmal probieren!« Die Frau legte dem Storch ein Stück Zucker aufs Fensterbrett und brachte tatsächlich zur Zeit ein Töchterlein auf die Welt.

Da schickte der Mann vor lauter Freude seine Söhne um eine Flasche Schnaps. Aber weil jeder die Flasche tragen wollte, stritten sie sich darum und ließen sie schließlich fallen. Da kriegten sie es mit der Angst und trauten sich nicht mehr heim. Der Vater wartete und wartete und tat schließlich einen bösen Fluch. »Sollten sie von mir aus doch alle zu Rockern werden!« rief er, und - brumm - schon hörte man mit wildem Geheul sieben schwere Motorräder ums Haus sausen und in der Ferne verschwinden.

Da waren die Eltern sehr traurig, aber sie trösteten sich mit ihrem Töchterlein, das sich herausmachte und schon bald ein ziemlich steiler Zahn wurde, der sich in allen Diskotheken der Umgebung auskannte. So kam die Tochter auch bald um ihre Unschuld und wurde eine immer gern gesehene Gespielin der verschiedensten Rockerbanden aus der Gegend, die sogar blutige Gefechte um sie austrugen.

Als schließlich nach alle diesen Kämpfen die stärkste Rockerbande sie in Besitz nahm, ernannten die sie zu ihrer Königin. Da fragte die den Oberrocker der Bande: »Seid Ihr wirklich die Stärksten?« und der antwortete verlegen: »Frau Königin, wir sind die Stärksten hier - aber hinter den sieben Bergen die sieben

Raben sind noch tausendmal stärker als wir!« Da machte sie sich auf den Weg über die sieben Berge, um jene berüchtigte Rockerbande zu suchen, und nachdem sie sieben Tage und Nächte getrampt war, kam sie an ein abbruchreifes Hexenhaus, vor dem an einer Wäscheleine sieben Männerunterhosen im Winde flatterten, so daß sie dachte: »Holla, das könnte der Unterschlupf der sieben Raben sein!«

Und so klopfte sie an, ein Fremder öffnete die Tür und sie fragte ihn: »Hey, alter Macker, was für Typen wohnen denn hier?« - »Hier wohnen meine sechs tapferen Freunde und ich«, sagte der Macker, »man nennt uns die sieben Schwaben!«

Weil das Mädchen aber durch die zahlreichen Diskotheken-Besuche einen Gehörschaden davongetragen hatte, verstand es statt »sieben Schwaben« »sieben Raben« und wunderte sich sehr, daß sie statt der gefürchteten Rockerbande sieben furchtsame Männer vorfand und statt sieben heißer Öfen nur einen einzigen, der aber im Haus stand und nicht mal heiß war, sondern nur lauwarm, denn er wurde nur dürftig geheizt, weil die Schwaben bekanntlich sparsame Leute sind.

Aber weil ihnen das Mädchen gefiel, nahmen sie es als Haustochter bei sich auf, schlossen einen Bausparvertrag für es ab und bauten ihm, als der zuteilungsreif wurde, eine Imbißbude. Dort hielt es Maultaschen feil, so daß zu guter Letzt doch noch ein anständiger Mensch aus ihm geworden ist, während seine Brüder, die sieben Raben, seit Jahren bloß um den Kyffhäuser brausen und es auf diese Weise wohl nie zu etwas Rechtem bringen werden.

Die Bremer Stadtmusikanten

Es war einmal ein alter Esel, dem war nicht wohl, und so ging er auch nicht aufs Eis tanzen, sondern stellte sich am Frankfurter Kreuz als Anhalter an die Autobahn, denn er wollte nach Bremen zum Fernsehen und dort als Musiker auftreten.

Wie er so anhielt und anhielt, kam ein Hund herangehechelt, der war ganz verzweifelt, denn seine Leute hatten ihn an der Autobahn ausgesetzt, als sie in Urlaub gefahren waren. Der Esel erzählte dem Hund von seinen Plänen, und sie beschlossen, es als Duett zu versuchen.

Bald aber kam auch noch eine Katze und jammerte, man habe sie aus dem Fenster geworfen, weil in der neuen Wohnung ihrer Herrschaft das Halten von Haustieren verboten sei.

»Sehr gut«, sagte der Esel, »als Katze verstehst Du was von Musik, also bilden wir ein Trio.« Die Katze war' s zufrieden, und wenig später kam auch noch ein Hahn herbeistolziert, der auf seinem Bauernhof überflüssig geworden war, weil der Bauer alle Hühner in Legebatterien gepfercht hatte und es für den Hahn nichts mehr zu tun gab und auch keinen Mist mehr, auf dem er hätte krähen können. »Sehr schön«, sagte der Esel, »jetzt haben wir auch noch eine Oberstimme und geben ein richtiges Quartett ab!« So zogen sie zu Fuß los, und als es Nacht wurde, kamen sie an eine prächtige Villa, in der einige sehr wohlhabend aussehende Herren saßen und es sich bei Essen und Trinken wohl sein ließen.

Wie die vier Tiere das sahen, kriegten sie großen Hunger und beschlossen, mit Gewalt an der Mahlzeit teilzunehmen. »Dabei können wir auch gleich unsere musikalische Show ausprobieren«, sagte der Esel.

Der Hund sprang auf seinen Rücken, die Katze hüpfte auf den Hund und der Hahn flog zuletzt der Katze auf den Kopf. Dann gab der Esel den Einsatz, und alle vier fingen sie zu musizieren an, daß die große Glasscheibe der Terrassentür von selbst in tausend Stücke zersprang. So drangen sie in die Villa ein und machten einen ohrenbetäubenden Lärm, zu dem der Esel mit seinen Hufen - bum, bum, bum - den Takt schlug.

Die Herren in der Villa aber ergriffen nicht etwa die Flucht, sondern blieben wie gebannt sitzen, bis den Musikanten die Luft ausging, und dann klatschten sie begeistert in die Hände. Es handelte sich nämlich um lauter Musikverleger und Schallplattenproduzenten, die gerade verzweifelt nach einem Sound suchten, mit dem sich im nächsten halben Jahr das größte Geschäft machen ließe.

Nun hatten sie ihn endlich gefunden, und flugs machten sie mit den Vieren einen Vertrag, legten die ersten Termine für Konzerte, Tourneen und Schallplattenaufnahmen fest, und so wurden Esel, Hund, Katze und Hahn als »The Animals« erfolgreiche und überall gern gesehene Musikanten, denen schließlich auch ihr größter Wunschtraum erfüllt wurde: In Bremen im Fernsehen aufzutreten.

So lebten sie zusammen in Saus und Braus, hatten viele Fan-Clubs und Groopies, tapezierten ihr Heim mit Goldenen Schallplatten, und wenn sie nicht gestorben sind, dann rocken sie noch heute.

R. STOLTE 93

Hänsel und Gretel

Es waren einmal ein Mann und eine Frau, die hatten zwei Kinder, Hänsel und Gretel geheißen, die wurden sehr streng erzogen und mußten jeden Sonntag mit den Eltern ins Grüne fahren, was ihnen gar nicht paßte. Darum beschlossen sie irgendwann, einfach abzuhauen, und während die Eltern beim Picknick saßen, sagten die beiden, sie wollten in den Wald gehen, um Trüffel für die Soße zu suchen.

Da ließen die Eltern sie ziehen, aber Hänsel und Gretel dachten gar nicht daran, Trüffel zu suchen, sondern machten sich schnurstracks auf den Weg nach Indien, wo sie bei einem Guru Selbstverwirklichung zu finden gedachten.

Aber statt nach Indien zu kommen, verliefen sie sich zuerst einmal in dem Wald und kamen nach langen, langen Stunden an ein leerstehendes Häuschen, das war aus lauter Lebkuchen gebaut. Und weil sie beide großen Hunger hatten, fingen sie an, von dem Haus zu essen. Dann beschlossen sie, auf ihren Trip nach Indien zu verzichten, machten es sich in dem Knusperhäuschen bequem und schlugen sich den Bauch voll, bis sie dick und rund waren.

Nun war aber das Lebkuchenhäuschen der Zweitwohnsitz einer bösen Hexe, die mit Vorliebe kleine Kinder aß und der das Häuschen als Falle diente. Wie sie nun eines Wochenendes ankam, lagen Hänsel und Gretel noch in tiefem Schlummer, und der bösen Hexe lief das Wasser im Mund zusammen, als sie sah, wie fett und knackig die beiden waren.

Da heizte sie schon mal den Grill an, aber wie' s der Zufall wollte, kam gerade der gestiefelte Kater des

I ♥ JOGGING
7 MILES
7 MILES

Wegs, der sich bei einem Waldlauf fit trimmte. Da erschrak die Hexe so sehr, daß sie sich auf den glühenden Rost setzte und elendiglich verbrannte.

Nun weckte der gestiefelte Kater Hänsel und Gretel auf und erklärte ihnen, in was für einer Gefahr sie geschwebt hatten. Da wollten die beiden nun doch wieder lieber nach Indien und der gestiefelte Kater versprach, sie hinzubringen, weil er einen Siebenmeilenstiefel anhatte. Nun hatten aber Hänsel und Gretel so viel Übergewicht, daß selbst die Kräfte des Siebenmeilenstiefels versagten, aber er trug sie immerhin gerade noch zum nahegelegenen Sanatorium des Doktor Allwissend, der sie sofort auf Nulldiät setzte, so daß sie bald wieder rank und schlank waren.

In diesem Sanatorium lernten sie nun auch den Dieb von Bagdad kennen, der sich dort von seiner Kleptomanie heilen lassen wollte, aber als er von ihren Reiseplänen erfuhr, stahl er ihnen aus einem Kaufhaus einen fliegenden Teppich, mit dem sie wenigstens bis ins Morgendland kamen, wo sie dann in einen fliegenden Koffer umstiegen, in welchem sie glücklich nach Indien gelangten.

Dort trafen sie auch ihre lieben Eltern, die sie eigentlich bloß hatten zurückholen wollen, inzwischen aber selber schon den dritten Grad der Weisheit erlangt hatten. Da freuten sie sich alle sehr und dösten so vor sich hin, und wenn sie nicht gestorben sind, dann meditieren sie noch heute.

Der Hase und der Igel

An einem schönen Herbstmorgen ging der Igel aufs Feld, um etwas für seinen Kreislauf zu tun, denn nach dem schneckenreichen Sommer hatte er ziemlich an Gewicht zugelegt und geriet leicht außer Atem.

Wie er so am Feldrand entlangtrippelte, kam der Hase dahergehoppelt, der gerade nachsehen wollte, ob es irgendwo noch einen Acker mit ungespritztem Kohl gäbe. »Was machst du denn schon hier?« fragte er den Igel, und der antwortete: »Ich trimme mich.«

»Trimmen?« rief der Hase und mußte so lachen, daß er einen Teil der in ihm gespeicherten Insektizide auspustete. »Du willst dich trimmen? Dazu brauchst du aber andere Beine, mein Lieber! Schau mal - so geht das!« und - witsch! - war der Hase auf seinen langen Hinterläufen gestartet, schlug nach ein paar Metern einen Haken und war in Sekundenschnelle wieder da.

»So geht das!« sagte er noch einmal, wobei sein Atem um keinen Deut schneller ging. Der Hase war nämlich ein erfolgreicher Langstreckenläufer und hatte bei den jährlichen Hasenlaufwettbewerben schon oft auf dem Siegespodest gestanden.

Den Igel aber verdroß diese Überheblichkeit, und er sagte: »Och, du alter Angeber! So schnell wie du bin ich allemal!« Das wollte der Hase nun aber genau wissen, und so verabredeten sie sich zu einem Vergleichskampf, der eine Stunde später beginnen sollte, weil der Igel, wie er sagte, noch nicht gefrühstückt hatte.

Dem Hasen war' s recht, und er legte sich noch ein Stündchen aufs lange Ohr; der Igel aber ging nach

Hause und schmiedete mit seiner Frau ein Komplott. Wie nun das Rennen losgehen sollte, überließ der Hase dem Igel großzügig die Wahl der Rennstrecke, und der Igel suchte sich eine schöne Ackerfurche aus, weil er wußte, daß an deren anderem Ende seine Frau saß.

»Auf die Plätze, fertig, los!« gab der Hase das Startsignal und fetzte davon, daß der Kunstdünger nur so stob. Der Igel aber tat bloß nur ein paar Schritte und wackelte dann wieder zum Start zurück. Und wie der Hase ans Ziel kam, saß da des Igels Frau und sagte mit verstellter Stimme: »Ich bin schon da!« »Das gibt' s nicht!« sagte der Hase. »Nochmal!« Und wieder sauste er los, aber am anderen Ende der Furche saß nun wieder der Igel und sagte: »Ich bin schon da!«

So ging es den ganzen Tag, aber weil der Hase unbedingt gewinnen wollte, setzte er einen neuen Wettkampftermin an, auf den er sich gründlich vorbereitete: Er nahm sich einen Windhund als Trainer, schluckte große Mengen von Aufputschmitteln und Anabolika und probierte lange, bis er die richtigen Rennschuhe gefunden hatte.

Aber als es dann wieder an den Start ging, war doch alles umsonst. Im Ziel saß immer schon der Igel und sagte: »Ich bin schon da!« Beim vierundsiebzigsten Lauf erlitt der Hase einen Herzinfarkt und fiel tot um. Der Igel und die Igelin aber gingen gemächlich nach Hause und machten sich ihre Gedanken über den gesundheitlichen Wert übermäßiger sportlicher Betätigung.

Schneewittchen

Es war einmal eine wunderhübsche, aber eiskalte Schönheitskönigin, die noch dazu über alle Maßen eitel war, und so besaß sie auch einen sprechenden Personal-Computer, den sie jeden Morgen fragte: »PC, PC, sag' mir galant: Wer ist die Schönste im ganzen Land?« Und der Computer antwortete: »Miss Königin, Ihr seid die Schönste im Land!«

Nun werden aber auch Schönheitsköniginnen einmal älter und faltiger, und so geschah es eines Morgens, daß der Computer antwortete: »Miss Königin, Ihr seid die Schönste schier, aber Schneewittchen ist noch tausendmal schöner als Ihr!« Da erschrak die Schönheitskönigin bis ins Mark, denn wenn es eine Schönere gab als sie, müßte sie große finanzielle Einbußen in Kauf nehmen, weil sich die Fotografen bald nicht mehr um sie reißen würden und ihr hübsches Gesicht allmählich von den Titelseiten der Illustrierten und der Modezeitschriften zu verschwinden drohte.

So sann sie heimlich darauf, die lästige Konkurrentin loszuwerden, und in ihrer Verzweiflung kam ihr die Idee, einen Killer zu dingen, der das schöne Schneewittchen gegen reichlichen Lohn um die Ecke bringen sollte. Aber als der das liebliche Kind sah, erbarmte es ihn doch und er beschloß, es am Leben zu lassen und lieber die Nacht mit ihm zu verbringen. Dabei offenbarte er ihm den finsteren Plan seiner bösen Widersacherin, woraufhin Schneewittchen es mit der Angst bekam und in seiner Panik einfach davonlief, bis es hinter den Bergen in einen tiefen Wald kam, in dem es sich rettungslos verirrte. Da war es denn heilfroh, als es sich plötzlich vor einem kleinen Häuschen fand, in dem es sich zur Ruhe legen konnte, worauf es auch gleich in einen tiefen Schlummer sank. In dem Häuschen aber hausten sieben Zwerge, die sich zu einer Wohngemeinschaft zusammengefunden hatten und sehr heimlich tun mußten, weil sie nichts Besseres zu tun hatten, als die freiheitlich-demokratische Grundordnung zu untergraben.

Wie sie nun des Abends von ihrer harten Arbeit unter Tage heimkehrten, fanden sie das schlafende Schneewittchen, und weil es ihnen ausnehmend gut gefiel, boten sie ihm eine Stellung als Haushälterin an, worin Schneewittchen aus Furcht vor seiner bösen Rivalin freudig einwilligte.

Die aber fragte am nächsten Morgen erwartungsvoll ihren Computer: »PC, PC, sag' mir galant: Wer ist die Schönste im ganzen Land?« Und der Computer antwortete: »Miss Königin - Ihr seid die Schönste hier, aber Schneewittchen hinter den Bergen, bei den sieben Zwergen, ist tausendmal schöner als Ihr!« Da kriegte sie einen Wutanfall, weil sie Schneewittchen ja für tot gehalten hatte, und beschloß nun, die Sache selbst in die Hand zu nehmen.

Von einem Maskenbildner ließ sie sich in eine alte Frau verwandeln, reiste mit einem Korb voller Äpfel zu dem Zwergenhäuschen und bot dort das Obst als einwandfreie biologische Ware feil. Da griff Schneewittchen freudig zu, aber kaum hatte es in den ersten Apfel gebissen, da fiel es um und blieb wie tot liegen, denn der Apfel war voller Insektengifte gewesen, und genau damit hatte die eitle Schönheitskönigin gerechnet.

Die sieben Zwerge trauerten sehr, als sie das leblose Schneewittchen fanden, aber zum Glück kam ein naturheilkundiger Prinz des Wegs, der es wieder zum Leben erweckte und es sogar auf der Stelle zu seiner Frau machte. Als die alte abgetakelte Schönheitskönigin davon hörte, fraß sie ihren Zorn in sich hinein, wurde davon dick und rund und fand hinfort nur noch als Model für Übergrößen in einem Versandhauskatalog Verwendung.

Die sieben Zwerge aber wurden von Schneewittchen und ihrem Prinzen in Dienst genommen, gaben ihre subversive Untergrundtätigkeit auf und bewährten sich fortan eher staatstragend als Gartenzwerge.

Dornröschen

Es waren einmal ein König und eine Königin, denen wurde eines Tages ein Töchterlein geboren, und zur Taufe ließen sie die zwölf wichtigsten Klatschreporterinnen der internationalen Regenbogenpresse einladen, die der kleinen Prinzessin zur nötigen Publicity verhelfen sollten, damit sie sich später einmal einen stattlichen Prinzen an Land ziehen könnte. Dummerweise aber hatten sie die dreizehnte Klatschkolumnistin nicht eingeladen, weil die ihrer spitzen Zunge wegen sehr gefürchtet war, aber die verschaffte sich mit einem falschen Presseausweis Einlaß ins Schloß und tat an der Wiege des Königskindes einen bösen Fluch.

In ihrem fünfzehnten Jahr, so prophezeite sie, werde der Prinzessin durch eine Nadel großes Unheil widerfahren, so daß sie einen hundertjährigen Schlaf tun müsse. Wie der König das hörte, erschrak er gar mächtig und ließ sofort alle Nadeln verbieten. Just am fünfzehnten Geburtstag der Prinzessin aber nächtigte ein armer Fixer aus der Fremde auf der Flucht vor der Drogenpolizei im Schloßpark und vergaß dort seine Spritze, welche die Prinzessin am Morgen auf ihrem Spielplatz fand. Neugierig, wie sie war, hob sie das ihr unbekannte Ding auf und stach sich dabei mit der Nadel in den Finger.

Da ward ihr ganz wunderlich, die Augenlider wurden ihr schwer und jäh sank sie in einen tiefen Schlummer. Mit ihr aber schliefen alle ein, die im Schlosse lebten: Der König mit seiner Königin, der ganze Hofstaat und alle Minister und sonstigen Bediensteten - sie alle wurden vom Schlaf übermannt und nickten jählings ein, bis auf die Beamten, denn die schliefen einfach weiter.

Und eine große Ruhe und ein tiefer Frieden legten sich über das Land, denn der schlafende König konnte nun seine Untertanen nicht mehr schurigeln und peinigen, der Geldminister war mitten unterm Steuereintreiben entschlummert, der Kriegsminister bei der Vorbereitung eines gerechten Verteidigungsfeldzuges, dem Erziehungsminister waren die Augen zugefallen, als er gerade die Prügelstrafe einführen wollte, und dem Rechtsminister war der Mund zugeklappt, wie er dabei war, ein paar Todesurteile zu verkünden. So fand nun in des Königs Reich keinerlei Politik mehr statt und alle Untertanen waren überglücklich, weil sie nun in Frieden gelassen wurden und endlich so leben konnten, wie sie es sich schon immer gewünscht hatten.

Um das Schloß aber wuchs eine Dornenhecke, die mit den Jahren immer dichter und dichter wurde, so daß niemand mehr in das Schloß hinein oder aus ihm heraus hätte kommen können, und das war den Bürgern gerade recht so.

Als jedoch gerade hundert Jahre vergangen waren, kam ein verarmter Prinz des Weges, der sein Leben als Vertreter für elektrische Heckenscheren fristete, und ehe ihn jemand daran hätte hindern können, hatte er ein großes Loch in die Dornenhecke geschnitten, war in das Schloß gestiegen und hatte sich der dort schlafenden Prinzessin unzüchtig genähert. Da schlug die erwartungsvoll die Augen auf, und mit ihr erwachten König und Königin, der ganze Hofstaat und alle Minister und sonstigen Bediensteten, bis auf die Beamten, die einfach weiterschliefen.

Als aber die Untertanen merkten, was geschehen war, zogen sie in großen Massen vor das Schloß, riefen: »Wir sind das Volk!« und jagten den König und die Königin, die Prinzessin mit ihrem Heckenscherenvertreter und all die anderen Quälgeister zum Teufel.

Und so blieben sie ein glückliches und zufriedenes Volk, waren freundlich zu ihren Nachbarn und gut zu allen Fremden und gewährten allen flüchtigen Fixern Asyl. Nur Heckenscherenvertreter, vornehmlich solchen adligen Geblüts, tun gut daran, diese Gegend hinfort zu meiden wie die Pest.

Von einem, der auszog, das Fürchten zu lernen

Es war einmal einer, dem gruselte einfach vor nichts, und wie die anderen Leute dessen gewahr wurden, hielten sie ihn für nicht ganz dicht, denn es gab ja so vieles, wovor ihnen selbst gruselte, und darum wollte es ihnen gar nicht in den Kopf, daß es da einen gab, der bei allem Grauen dieser Welt ganz ruhig und gelassen blieb, auch wenn ihnen selbst darob eisige Schauer über den Rücken jagten oder sie gar von schlimmen Gänsehäuten heimgesucht wurden.

So neideten sie ihm die Gleichmut, mit der er die Mißlichkeiten des Lebens zu ertragen fähig war - ja, er machte sich sogar einen Spaß draus und genoß es sichtlich, des Nachts zur Geisterstunde auf dunklen Friedhöfen zu lustwandeln oder auf Reisen in verwunschenen Spukschlössern zu logieren. Er langweilte sich in den Geisterbahnen auf den Jahrmärkten und biß sogar mit wahrer Begeisterung in die geschmacksneutralen Hackfleischprodukte einer weltweiten Schnellimbißkette - kurzum: Ihm gruselte wahrhaft vor nichts.

Ihm gruselte weder vor den neuen Postleitzahlen, noch vor der Zinspolitik der Deutschen Bundesbank, auch nicht vor den Reisewettervorhersagen für die Wochenenden und schon gar nicht vor den Wahlversprechen der Politiker. Und weil ihm selbst mit der Zeit auffiel, daß er deswegen bei seinen Mitmenschen als Sonderling galt, wurde ihm seine Eigentümlichkeit selbst lästig, und so sagte er immerzu vor sich hin: »Ach, wenn mir doch bloß gruselte!«

Das wäre auch seinen Mitmenschen lieber gewesen, denn die verübelten es ihm arg, daß ihn nichts verdroß, verängstigte und erschreckte, was ihnen selbst großen Verdruß bereitete. Deswegen war er in ihren Augen ein Außenseiter und die sind, wie man wohl weiß, überall auf der Welt nicht gern gelitten. Und so machten sich die anderen einen Spaß daraus, ihn in allerlei Situationen zu versetzen, vor denen ihnen selbst gruselte, aber es war alles vergebens - ihm gruselte ganz einfach vor nichts.

So finanzierten sie ihm einen Badeurlaub an der italienischen Adria, aber kaum war er dort, tummelte er sich beherzt im Meer zwischen Teer, Tang, Quallen und anderen deutschen Urlaubern, trank »Doitshe Caffé«, ernährte sich von »Wursti con Krauti« und jammerte des Abends, wenn er in sein durchgelegenes Bett sank: »Ach, wenn mir doch bloß gruselte!«

Das hörten welche, die sich seiner erbarmten und ihn drei Wochen lang auf einem Campingplatz leben ließen, danach mußte er vierundzwanzig Stunden lang deutsche Schlager hören, woraufhin er für ein halbes Jahr in einem Bezirkskrankenhaus psychiatrisch behandelt werden mußte, aber selbst dort saß er bloß medikamentös ruhiggestellt in seiner Gummizelle herum und jammerte: »Ach, wenn mir doch bloß gruselte!«

Da hieß man ihn Wasser aus dem Rhein trinken, mutete ihm ein Überlebenstraining zu, steckte ihn in einen Verkehrsstau am Frankfurter Kreuz, schenkte ihm ein Jahresabonnement für ein Fitneßstudio mit angeschlossenem Eros-Center, verordnete ihm eine Diät mit holländischen Tomaten, schickte ihn auf eine Kreuzfahrt in die Karibik und ließ ihn eine Plenarsitzung des Deutschen Bundestages verfolgen - er

LACHEN SIE
– JETZT

ließ alles klaglos über sich ergehen und sagte hinterher immer nur: »Ach, wenn mir doch bloß gruselte!«

Da ließen sie alle Hoffnung fahren, daß er doch noch das Gruseln lernen könnte, schickten ihn heim, und wie er zu Hause ankam, schaltete er den Fernsehapparat ein, und weil es gerade Samstagabend war, lief eine große, lustige, witzige und amüsante Unterhaltungsshow.

Und, was soll ich euch sagen: Da gruselte ihm.